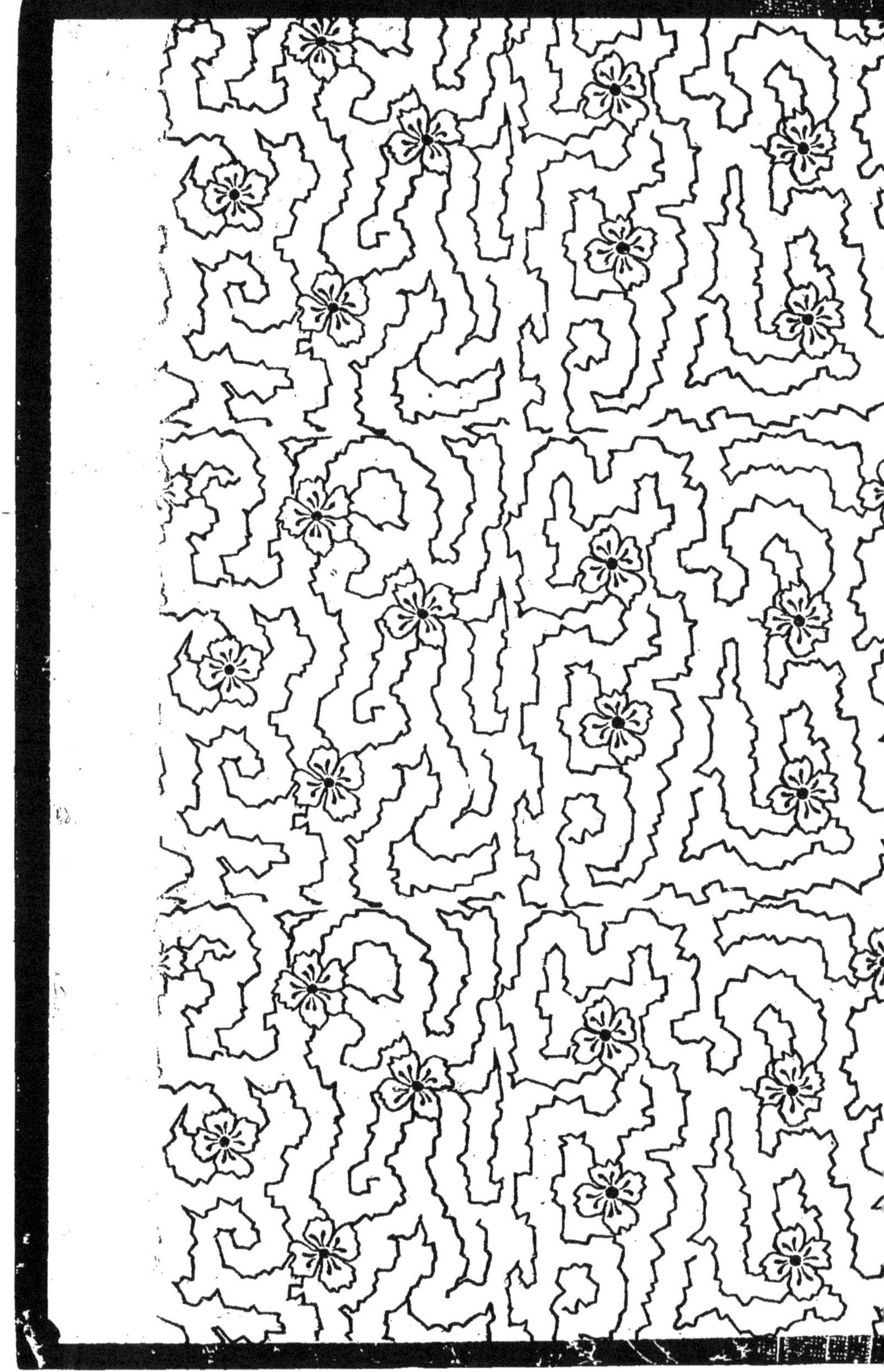

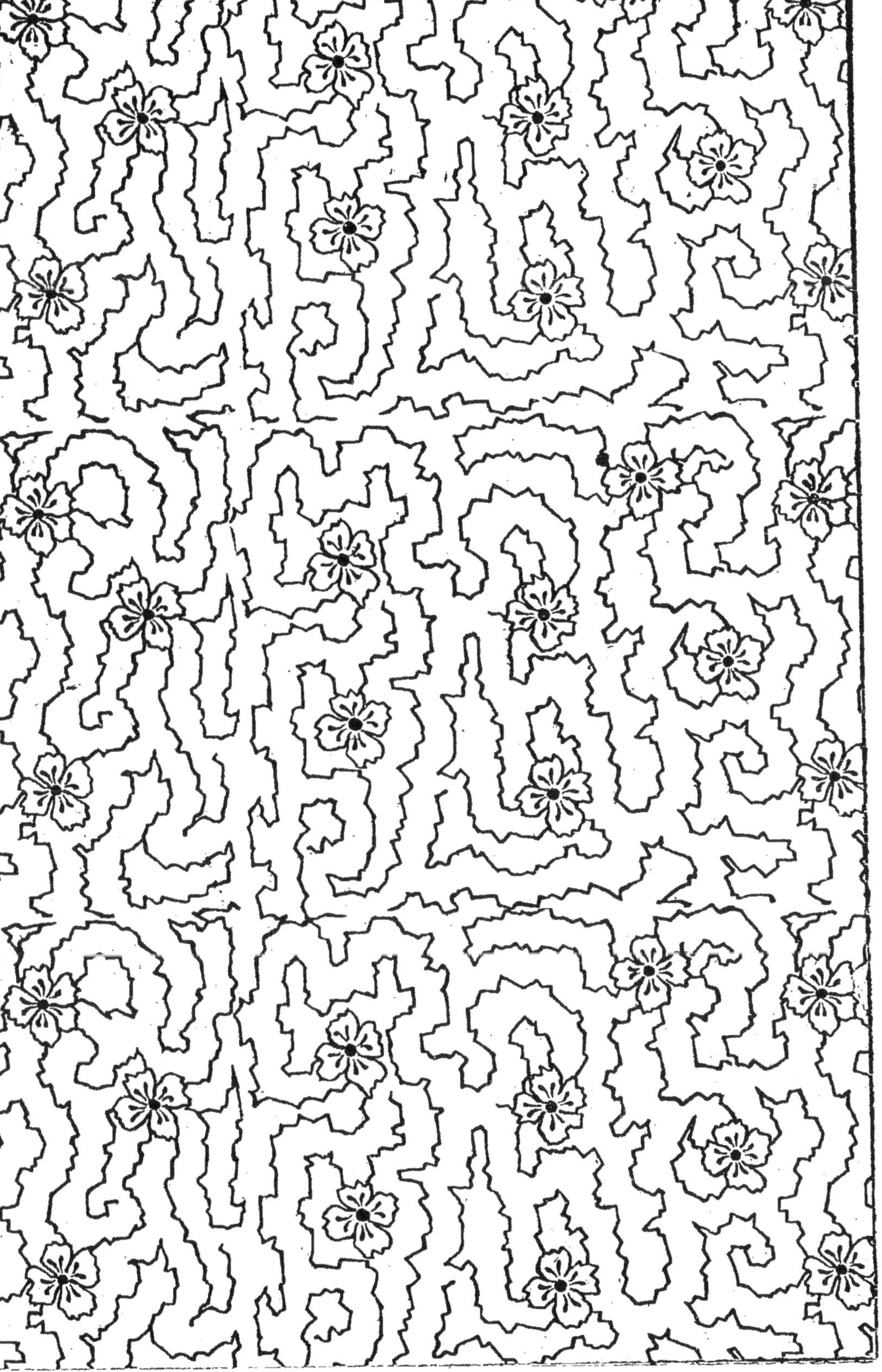

GERTRUDE
DE MONTAGU

RELIGIEUSE DE N.-D. DU CÉNACLE

NOTICE

PAR LE R. P. J. N.

DE LA COMPAGNIE DE JÉSUS

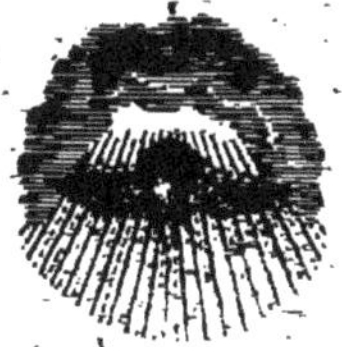

PARIS
RETAUX-BRAY, LIBRAIRE-ÉDITEUR
82, RUE BONAPARTE, 82
1885

GERTRUDE
DE MONTAGU

IMPRIMERIE PILLET ET DUMOULIN
5, rue des Grands-Augustins, à Paris.

GERTRUDE

DE MONTAGU

RELIGIEUSE DE N.-D. DU CÉNACLE

NOTICE

PAR LE R. P. J. N.

DE LA COMPAGNIE DE JÉSUS

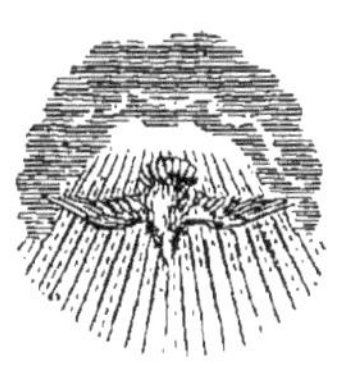

PARIS

RETAUX-BRAY, LIBRAIRE-ÉDITEUR

82, RUE BONAPARTE, 82

1885

GERTRUDE
DE MONTAGU

I

On écrira un jour sans aucun doute l'histoire complète de Notre-Dame du Cénacle, depuis son origine jusqu'à l'époque actuelle. On racontera, avec des détails plus circonstanciés qu'on ne l'a fait jusqu'ici, les humbles commencements de la Congrégation, les diverses phases qu'elle a traversées; on parlera de ses développements, de ses fondations successives, des faveurs qu'elle a constamment reçues du ciel, des épreuves auxquelles il plut à la divine Providence de la soumettre, pour lui donner le cachet de toutes les œuvres fécondes et durables.

Quoique l'Institut ne compte guère qu'un demi-siècle d'existence, on trouverait déjà, dans les archives de ses différentes maisons, les éléments de récits pleins de charme et d'édification, de grands et saints exemples, des vertus héroïques pratiquées dans le silence du cloître, et que le monde n'a pas même soupçonnées. Là, comme dans les plus anciennes congrégations religieuses, il y a déjà de nobles traditions, il y a des mémoires bénies et vénérées; je dirais presque des ancêtres, dont le pieux souvenir est entré dans le patrimoine de la famille. Ces histoires intimes, qui s'impriment dans les cœurs avant de s'écrire dans les livres, sont souvent un des trésors les plus précieux d'une communauté. Elles contribuent à former son esprit, à lui donner peu à peu sa vraie physionomie, son tempérament propre, si je puis parler ainsi.

Vus d'un certain côté, tous les ordres religieux se ressemblent, parce qu'ils poursuivent finalement le même but : la gloire de Dieu, le triomphe de la vérité et le salut éternel des âmes. Mais chacun d'eux se sert de moyens différents, ou du moins les emploie de diverses manières. Les constitutions, les règles, les usages varient suivant les instituts ; c'est la variété dans l'unité. Chaque congrégation a ce qu'on peut appeler un esprit de famille qui la distingue de toutes les autres, et cet esprit de famille constitue une des plus douces jouissances de la vie religieuse : on vit des mêmes idées, on parle le même idiome, on obéit aux mêmes coutumes, chacun se sent chez soi, on respire à l'aise, comme un enfant au foyer domestique. C'est la réalisation de l'oracle dicté à David par l'Esprit-Saint : *Ecce quàm bonum et quàm jucundum habitare fratres in unum.* Ps. CXXXII, 1. Quelle joie, quelle douceur d'habiter ensemble comme des frères!

Cet esprit règne à Notre-Dame du Cénaéle. Son nom seul en était comme un gage assuré. Cénacle, c'est-à-dire, silence, ferveur, zèle, charité, dévouement.

Demander l'esprit de Dieu par d'ardentes prières, en union avec Marie, le conserver et le développer en soi, pour en faire le principe de sa vie ; répandre sur les autres la lumière et l'amour puisés à cette source divine, c'est l'esprit, c'est l'œuvre même de la Retraite. Une telle œuvre est grande autant que délicate et elle demande des âmes choisies pour la mener à bonne fin.

Ce n'est point, en effet, l'apostolat ordinaire, celui qui n'est confié qu'aux ministres de l'Évangile. C'est un apostolat plus humble, subordonné au premier dont il est le docile instrument.

Marie, et avec elles plusieurs saintes femmes, reçurent l'Esprit-Saint au Cénacle. Mais il ne leur confia point la mission de prêcher. Elles restèrent dans l'humilité de leur rôle de femmes, et toutefois ne gardèrent point pour elles seules le don de Dieu. Elles aidèrent les Apôtres dans l'œuvre du Sauveur, et s'employèrent près des personnes de leur sexe, avec la prudence, la modestie et l'esprit de soumission qui conviennent à des auxiliaires.

Notre-Dame de la Retraite est née de la contemplation de ce mystère. Marie au Cénacle est la mère et le modèle de la Congrégation. C'est la vie contemplative unie à l'action, mais à l'action modeste et discrète qui s'exerce plus encore par la douce influence de la piété et de la charité que par l'enseignement lui-même.

La religieuse de la Retraite doit aimer les saints exercices, elle doit les étudier, s'efforcer de les bien comprendre, les pratiquer surtout, pour montrer en sa personne leur puissance et leur efficacité. La prière, la méditation, la contemplation, les pieuses lectures sont l'âme de l'Institut; les œuvres de zèle et de charité confiées à ses membres puisent leur esprit et leur vie à cette source féconde.

Aussi toute maison de la Retraite doit faire penser au Cénacle, et c'est, en effet, l'impression qu'on éprouve en y rentrant. On y respire un calme, un parfum de piété, qui font oublier le monde. Le parloir même et les conversations qui s'y tiennent à demi-voix ne semblent point nuire au recueillement.

Mais c'est à la chapelle surtout qu'on doit retrouver le Cénacle. Les religieuses de la Retraite l'ont compris, et tout ce qui touche au culte de l'autel est l'objet de leurs plus délicates attentions. Elles entourent le tabernacle, elles ornent le sanctuaire de tout ce qui peut favoriser la piété et inviter à la prière. Ici rien de vulgaire, la pauvreté même, quand on l'y trouve, revêt un certain caractère de dignité et de convenance. Les offices, les chants, les cérémonies, tout respire le même esprit de foi et la même ferveur.

Telle nous apparaît la physionomie de Notre-Dame du Cénacle, cette œuvre que plusieurs papes et plusieurs évêques ont bénie et encouragée, à laquelle grand nombre de religieux éminents et de prêtres distingués ont prêté le concours de leur expérience et de leur zèle.

Cet aperçu n'était peut-être pas inutile pour faire mieux connaître dans quel milieu et dans quelle atmosphère vécut la jeune religieuse dont nous voulons esquisser la vie.

Nous disons esquisser, car ce n'est point une histoire, ni même une biographie que nous écrivons. C'est un simple souvenir, ou si l'on veut, un édifiant épisode des premiers pas essayés par une enfant dans la voie des parfaits.

La douce et gracieuse figure que nous présentons au lecteur n'a été qu'entrevue pour ainsi dire à Notre-Dame de la Retraite, où Gertrude de Montagu ne vécut que trois ans. Ce n'est donc point un fruit mûr du Cénacle, c'est une petite fleur à peine éclose ; mais le parfum de ses vertus, sa piété, sa modestie, son esprit d'obéissance, l'aménité de son caractère, son amour des âmes, firent de sa courte vie une prédication et un véritable apostolat. Gertrude est une sœur de Stanislas Kostka.

Ces rapides existences ne sont pas toujours les moins utiles et les moins fécondes; l'Église bien souvent n'a pas hésité à inscrire des enfants au catalogue de ses saints, et à les présenter aux chrétiens comme des protecteurs et des modèles.

II

Gertrude de Montagu naquit à Dijon, le 14 janvier 1859. Sa mère était de la noble et chrétienne famille de Blic, dans laquelle la foi et la piété étaient héréditaires comme dans celle des Montagu.

Ce fut son père, le comte de Montagu, qui, sur son lit de mort, conçut la première idée de cet étendard du Sacré-Cœur, dont le courage des zouaves de Charette a fait l'emblème de l'honneur et du patriotisme chrétiens. Brodé par les religieuses de la Visitation de Paray-le-Monial, envoyé providentiellement au général, alors qu'il rassemblait à Tours ses volontaires, ce drapeau devait présider aux désastreux, mais glorieux épisodes de la campagne de France, qui rendront immortels les noms de Patay et de Loigny.

M. de Montagu était le cousin de M. l'abbé de Musy, dont la guérison miraculeuse au sanctuaire de Lourdes fit grand bruit, il y a une dizaine d'années.

Racontant cette guérison dans son livre intitulé : *Les Épisodes merveilleux de Lourdes*, M. Lasserre en vient à parler des rapports pleins de confiance et de tendre affection qui existaient entre les deux cousins. L'abbé, jeune encore, était atteint d'une incurable infirmité, M. de Montagu, sur le déclin de l'âge, était frappé d'une maladie mortelle; tous deux étaient également admirables par leur piété et leur résignation. L'auteur nous fait assister à une scène touchante entre les deux malades, dont l'âme généreuse était bien plus préoccupée des malheurs qui pesaient alors sur la France, que de leurs propres douleurs.

« A une certaine distance du manoir du comte de Musy était un autre manoir bourguignon, appelé *Vieux Château*, dans lequel vivait ou plutôt se mourait un parent de la famille, M. de Montagu. Ce gentilhomme était atteint d'une hydropisie du cœur, maladie sans espoir qui l'emportait à grands pas au tombeau.

« Le paralytique le visitait fréquemment; et ces deux hommes cruellement éprouvés se plaisaient ensemble et s'oubliaient dans de longs entretiens. On était alors en octobre 1870.

« Que disaient-ils cependant et quel était l'objet constant de leurs causeries?... Ni le vieillard qui s'en allait de ce monde, ni le jeune prêtre dont la vie était condamnée à l'impuissance, ne pensaient à eux-mêmes.

« Ils parlaient de la France et ils parlaient de Dieu : de la France vaincue et de Dieu oublié.... « Tenez, Victor, disait « M. de Montagu à l'abbé : croiriez-vous « que dans toute l'armée de France, dans « toute l'armée de la fille aînée de l'Église, « il n'y a pas, à l'heure présente, un seul « chef qui demande publiquement, avant « le combat, l'alliance et l'aide du Tout- « Puissant ! Croiriez-vous qu'il n'y a pas « un seul bataillon dont l'étendard con- « tienne un signe chrétien ! Ah ! si la France « et ses soldats arboraient le retour à Dieu, « le Maître qui nous punit pour nous ins- « truire cesserait de nous châtier, dès qu'on « aurait compris la leçon. Il faut réagir « pour agir ; il faut retourner en arrière « pour aller en avant ; il faut se vaincre « pour être vainqueur.

— « Hélas ! que nous en sommes loin ! » s'écriait l'abbé de Musy...

— « Qui sait?... On dit que Catheli-
« neau et Charette s'occupent déjà de ras-
« sembler une phalange catholique. Vive
« Dieu! je donnerai mon jeune fils Étienne.
« Et tandis qu'ici le père mourra en priant,
« l'enfant là-bas se fera tuer pour sa pa-
« trie. Soyez certain que ce corps de vo-
« lontaires, formé ainsi au nom de Dieu
« et de son Christ, sera la légion fulmi-
« nante... et l'évidence imposera à l'histoire
« cette conclusion: Si seulement la moi-
« tié de l'armée eût été semblable à l'hé-
« roïque et chrétienne légion, la France
« était sauvée et triomphante. »

« Tout en approuvant le fond de ces pensées, l'abbé de Musy se demandait s'il n'y avait point une part considérable de rêve, d'idée fixe et de chimère, dans les affirmations semi-prophétiques que formulait son parent affaibli par la maladie.

« En effet, tout semblait irrémédiablement perdu. Paris était investi : la plus grande partie de notre armée était prisonnière en Allemagne, le reste était cerné dans la ville de Metz, et la France n'avait plus pour défenseurs que de pauvres recrues inexpérimentées, dirigées par un gouvernement de hasard.

« Maintenant, dit un jour M. de Mon-
« tagu, en forme de conclusion, c'est à
« nous deux d'accomplir notre devoir. Il
« faut tenter de sauver notre patrie et
« de changer la fortune de nos armes.

— « Hélas! que pouvons-nous faire,
« vous et moi, sinon prier, répliqua l'abbé
« de Musy ?

— « C'est déjà combattre, répondit grave-
« ment le vieux gentilhomme ; mais nous
« pouvons agir.

— « Et de quelle manière?

— « La bienheureuse Marguerite-Marie a
« écrit ces consolantes paroles : *Le Sacré-*

« *Cœur sauvera la France.* Eh bien! l'ins-
« tant prédit est peut-être arrivé. Es-
« sayons-donc de mettre dans les mains de
« nos soldats le véritable étendard chrétien,
« portant, brodé dans ses plis, l'emblème
« vénéré du cœur de Jésus. Envoyons ce
« drapeau à Paris, afin qu'il flotte en te-
« moignage de la foi de la France, sur les
« murs de notre capitale assiégée. »

« Cette idée frappa beaucoup l'abbé de Musy. Elle devint sienne.

« Il écrivit à la supérieure de la Visitation de Paray-le-Monial et lui exposa son projet. Peu de jours après il recevait de la révérende Mère la réponse suivante : « Depuis longtemps j'avais eu
« moi-même une idée semblable, mais j'at-
« tendais l'ordre de Dieu. Votre demande
« a été pour moi la voix du ciel. Nous
« nous sommes aussitôt mises au travail...
« Le drapeau est achevé. Je viens d'adres-

« ser la caisse à Mgr Bouange, archidiacre « d'Autun, avec prière de vous la faire « tenir[1]. »

On sait le reste. Le drapeau ne pouvant être envoyé au gouverneur de Paris fut adressé au général de Charette, qui rassemblait à Tours ses héroïques volontaires de l'Ouest. Ceux-ci, en grand nombre, avaient pris part à la défense du Saint-Siège et portaient déjà sur la poitrine l'image du cœur de Jésus. On comprend avec quelle joie leur vaillant chef reçut le précieux étendard. C'est sous cette bannière què combattirent et moururent tant de héros qui, ne pouvant soustraire la France à ses envahisseurs, parvinrent au moins à sauver son vieil honneur et à glorifier sa foi.

Le frère de Gertrude, Étienne de Mon-

1. *Les épisodes miraculeux de Lourdes,* pages 19, 20, etc.

tagu, s'enrôla dans cette noble et valeureuse phalange, comme son père l'avait promis à l'abbé de Musy.

« Étienne, écrit Mme de Montagu, avait alors dix-huit ans à peine; lui aussi était pieux et doux comme une jeune fille. Il prit part à toutes les fatigues de la campagne de France, mais ces fatigues épuisèrent sa frêle santé, et, la guerre terminée, il ne fit plus que languir. Nous le conduisîmes à Lourdes, n'espérant plus qu'en un miracle. Ce miracle ne fut pas accordé. Mon enfant mourut comme meurent les saints. Son confesseur disait que c'était une âme angélique. Il repose à Lourdes sous la garde de la Vierge qu'il avait tant aimée... Chose singulière, il ne semblait pas demander sa guérison. Presque mourant, il avait voulu faire le voyage de Lourdes, mais une fois arrivé, il ne demanda point à être plongé dans la piscine; il disait n'en avoir pas l'inspiration; il paraissait n'être venu là que pour y mourir. Avait-il offert sa vie pour la France? Il en était bien capable, mais il ne nous l'a pas dit. »

Gertrude avait une sœur plus âgée qu'elle, du nom de Thérèse; elle est entrée à Notre-Dame du Cénacle, où elle vit encore. Thérèse, prit une grande part à l'éducation de sa jeune sœur. Quoiqu'elle n'eût que six ans de plus que Gertrude, elle conçut une si tendre affection pour cette enfant, qu'elle n'était pas éloignée de se regarder comme sa seconde mère. Elle l'entourait des soins les plus empressés et se montrait pour elle capable de tous les dévouements. Un jour, elle se jeta au-devant d'un chien furieux qui menaçait sa Gertrude, et reçut à la main une morsure dont elle porte encore la trace.

Gertrude avait aussi une tante religieuse, Mlle de Blic, qu'elle ne connut jamais et dont le souvenir est encore vivant et la mémoire vénérée au Carmel de la rue d'Enfer, et à celui de la rue de Messine. C'était une sœur de Mme de Montagu, et elle portait en religion le nom de Mère Isabelle de Saint-Paul. Elle exerça longtemps la charge de prieure et de maîtresse des novices dans le premier de ces monastères; elle fut la fondatrice et la première prieure du second. C'est dans cette dernière maison qu'elle mourut, à l'âge de quarante-deux ans, après avoir supporté de longues et cruelles souffrances avec une patience héroïque, et en laissant après elle la réputation d'une sainte.

Pendant le séjour de la mère Isabelle de Saint-Paul à la rue d'Enfer, le P. Bertholon, mariste, son confesseur, avait conçù pour elle une si grande estime, qu'il n'hésitait pas à lui adresser certaines âmes privilégiées, pour qu'elle les aidât de son expérience et de ses conseils. C'est ainsi qu'elle vit fréquemment le P. Hermann, et celui-ci l'écoutait avec la docilité d'un disciple et l'humilité d'un enfant. Ce fut alors aussi qu'elle connut Théodelinde Dubouché, fondatrice de l'Adoration réparatrice et l'aida puissamment dans les premiers essais de sa Congrégation naissante. Non seulement elle l'encouragea et la soutint au milieu des épreuves de toute sorte, mais elle prit une grande part à la rédaction des règles du nouvel Institut. Elle ne craignit même pas de s'exposer, pour une œuvre qui avait toutes ses sympathies, à de nombreuses et délicates contradictions, dont son cœur souffrit beaucoup, mais qui contribuèrent finalement à faire briller d'un nouvel éclat sa constance, sa largeur d'âme et son humilité.

Telle était la famille de Gertrude de Montagu. On comprend quelle dut être son éducation première, et dans quelle atmosphère de foi et de piété elle vécut dès son berceau.

Rien cependant ne fit pressentir tout d'abord la future religieuse de Notre-Dame du Cénacle. Gertrude, aussitôt qu'elle put marcher, était d'une vivacité, pour ne pas dire d'une turbulence extrême. Plus tard elle se passionnait pour les jeux les plus fatigants, les jeux de garçon, les barres, le croquet ; elle se plaisait à escalader les murs, à monter aux arbres. Le reste était un peu à l'avenant ; elle s'échauffait, s'emportait parfois jusqu'à la colère.

Et pourtant, dans cette exubérance même, un œil exercé aurait pu deviner les qualités les plus sérieuses, un cœur droit, une conscience pleine de délicatesse.

« Elle faisait des sottises, écrit sa mère, jamais elle ne faisait de méchancetés ; elle se fâchait souvent, elle ne mentait jamais; elle faisait des étourderies, mais son âme était déjà obéissante. »

En somme, si elle n'avait rien des dehors de la religieuse, on pouvait découvrir en elle les germes de ces fortes vertus qui se trouvent au fond des meilleures vocations. Sa sœur Thérèse qui, ainsi que nous l'avons dit, s'occupait d'elle avec une si grande affection, et qui lisait au fond de son cœur, croit que les premières lueurs de sa vocation religieuse remontent à l'âge de quatre ans.

« A cette époque, dit Mme de Montagu, un couvent de Carmélites se fondait à Dijon ; les premières mères étaient venues demeurer chez mon père, en attendant que leur maison fût prête. Gertrude était continuellement avec elles ; les bonnes mères la regardaient comme une relique vivante de la mère Isabelle de Saint-Paul, et il est à croire qu'elles ont demandé avec instance sa vocation religieuse. Pour moi, je n'ai su cela que beaucoup plus tard, et quand il était question de la marier, car je ne venais qu'en second dans sa confiance ; Thérèse tenait la première place. »

Mme de Montagu pensa qu'il serait avantageux à Gertrude, pour se préparer à sa première communion, d'entrer au pensionnat du Sacré-Cœur. Elle fut donc envoyée, à Lyon, au mois d'octobre 1869, à la maison dite des Anglais, où sa sœur Thérèse avait déjà fait son éducation. Ce nouveau genre de vie modifia un peu son caractère ; sans rien perdre de sa vivacité, elle devint plus sérieuse. Sa piété se développait avec l'âge. Elle était d'une grande innocence, et ceux qui l'ont connue pensent que l'idée même du mal n'a jamais effleuré son esprit.

C'est à cette époque que sa sœur quitta sa famille pour entrer à Notre-Dame du Cénacle. Gertrude n'en fut point affligée; elle semblait déjà comprendre que Thérèse avait choisi la bonne part. D'ailleurs elle ne la perdait pas complètement; car, de son couvent de la Retraite, la jeune religieuse continua à diriger par lettres celle qu'elle avait toujours regardée comme sa fille. Au pensionnat, Gertrude eut autant d'amies que de compagnes. Toutes la recherchaient. On s'attachait à elle, parce qu'elle joignait à un fond très sérieux un caractère plein d'entrain et de gaieté qui l'avait fait surnommer *le petit rayon de soleil.*

Cette nature à la fois réfléchie et enjouée explique comment Gertrude, qui était tout entière aux jeux, pendant la récréation, qui n'avait jamais assez de sauter et de courir, aurait passé de longues heures à l'église sans fatigue et sans ennui. Sa mère pense que dès cet âge elle a dû commencer à faire oraison. La maîtresse du pensionnat assurait qu'aucune de ses compagnes ne s'était préparée avec autant de soin qu'elle à sa première communion. Dès lors aussi Gertrude avait une vraie passion pour la lecture; mais les livres d'enfants n'étaient pas de son goût, elle n'aimait que les livres sérieux. L'histoire surtout la charmait. Sa mère disait que si on lui avait mis entre les mains un livre de philosophie ou un traité de théologie, elle les aurait lus avec avidité. Avant même d'entrer au pensionnat, elle lisait des vies de saints et autres livres de piété, qu'on retrouvait sous son lit ou dans d'autres cachettes.

Gertrude rentra dans sa famille, au mois d'août 1876, après sept années passées au Sacré-Cœur, où elle laissa d'unanimes regrets parmi les religieuses et parmi ses compagnes. Elle y avait fait sa première communion en 1871, et avait été reçue Enfant de Marie en 1875.

Elle avait vraiment bien profité de son séjour au couvent. Son intelligence s'était développée; sa piété avait grandi, et ses légers défauts semblaient avoir presque totalement disparu. Sa mère toutefois constatait qu'elle ne s'était pas complètement corrigée d'une certaine ténacité dans ses idées; elle s'obstinait à ne pas céder, quand elle croyait avoir raison, et cela lui attirait de temps en temps quelques reproches de la part de ses frères, plus âgés qu'elle.

Mais ce fut précisément la vue de ce défaut, sur lequel on avait souvent appelé son attention, et qu'elle-même d'ailleurs avait fréquemment signalé dans ses examens de conscience, qui la porta à choisir l'humilité comme sa vertu de prédilection. Il est certain qu'aucune autre vertu ne lui fut aussi chère que celle-là, et tous ceux qui l'ont connue signalent l'humilité comme le trait saillant de cette douce physionomie.

Cependant Mme de Montagu, tout en admirant les vertus et les qualités de Gertrude, ne pensait point qu'elle fût destinée au cloître. La jeune fille ne lui disait rien qui pût la mettre sur la voie d'un tel dessein.

Ce n'est pas qu'elle manquât de confiance envers sa mère ; elle connaissait sa foi éclairée et sa grande bonté ; elle l'aimait avec tendresse ; mais elle avait peine à l'initier aux pensées intimes de son âme ; semblable en cela à la plupart des jeunes filles qui confient plus volontiers les secrets de leur conscience à une sœur ou à une amie, qu'à leur propre mère, retenues qu'elles sont par une sorte de timidité, une sorte de pudeur, mal justifiées sans doute, mais trop fréquentes dans les meilleures et les plus parfaites, pour que ce sentiment n'ait pas sa source dans les plus intimes dispositions du cœur. Une mère, si aimante et si bonne qu'elle soit, a sur ses enfants une autorité qui engendre en ceux-ci comme une crainte instinctive; or, toute crainte empêche la plénitude de la confiance. Et c'est là qu'il faut chercher la principale raison de cette réserve des jeunes filles, dont tant de mères se plaignent, et dont elles ressentent parfois un excessif chagrin. Mme de Montagu ne souffrit point de cette disposition de sa fille; elle la respecta d'autant plus aisément, que cela ne nuisait en rien aux vertus et aux qualités de Gertrude.

Mais Thérèse, la religieuse du Cénacle, en savait plus long que sa mère. On se souvient que, dès sa plus tendre enfance, Gertrude n'avait aucun secret pour elle; elle lui confiait toutes ses pensées. Thérèse se rappelait qu'au moment où elle faisait son éducation au Sacré-Cœur de Lyon, sa petite sœur, alors âgée de quatre ans, avait été amenée au pensionnat pour y passer un mois entier. Gertrude savait déjà lire, et elle faisait la joie de la communauté par sa piété naïve: « Moi, disait-elle, je veux être Carmélite. » C'était sans doute un propos d'enfant, mais cette disposition précoce à l'esprit de sacrifice ne devait point se démentir. Elle n'avait pas dix ans, qu'elle aimait à s'entretenir avec Thérèse de ses aspirations à la vie parfaite. « Jamais, disait-elle, mon cœur n'aimera que Dieu. Que je voudrais être pauvre ! mendier serait une joie pour moi ! » Et sa sœur, plus âgée qu'elle de six ans, était toute surprise de ce qui se passait dans l'âme de cette enfant. « Toi et moi, disait Gertrude une autre fois, je veux que nous n'épousions pas un autre que le bon Dieu. » Puis elle ajoutait : « Pour moi, je lui ai promis d'être Carmélite, si sainte Thérèse veut m'obtenir la grâce d'être sa fille. »

D'autres indices encore auraient pu faire pressentir sa vocation. Malgré cette grande vivacité dont nous avons parlé, malgré cette ténacité que ses frères lui reprochaient quelquefois, Gertrude avait déjà un goût très prononcé pour l'humilité. Elle écoutait docilement les observations et demandait même à être reprise. Elle avait prié Thérèse de lui dresser la liste des défauts qu'elle avait remarqués en elle, et elle prenait là le sujet de son examen de conscience. « Surtout, disait-elle, ne me passez rien, et quand je tomberai imposez-moi une pénitence. » Ces pénitences, elle les faisait avec empressement, et sans témoigner jamais la moindre répugnance. Elle croyait même devoir remercier sa sœur à toutes les fois qu'elle lui en imposait.

De l'humilité à la mortification il n'y a qu'un pas, la première engendre la seconde. Sur ce point, Gertrude avait besoin d'être surveillée, pour ne pas se porter à des excès. Comme elle n'avait pas réussi à se procurer des instruments de pénitence, elle s'avisa d'en fabriquer un elle-même, et durant plusieurs mois, elle fit usage de son invention, sans en parler à personne. Pendant une de ses retraites au Cénacle, avant son entrée en religion, elle finit par tout révéler à sa sœur, et celle ci voulut voir l'objet en question. « C'était, nous dit-elle, une ceinture, sur une tresse large de deux doigts, très épaisse et garnie de deux belles rangées d'épingles très solidement fixées. Je restai fort étonnée de la réussite de son imagination, mais je lui retirai cette ceinture dont l'usage pouvait être nuisible à sa santé. »

On comprend, après ce que nous venons de dire, quelle dut être l'attitude de Gertrude, quand Mme de Montagu lui fit part d'un projet de mariage, auquel on avait songé pour elle. Il est à croire que l'explication ne fut pas longue, et dans les souvenirs qui nous sont transmis, nous ne trouvons aucune trace de discussion. C'est que la mère reconnut bien vite les desseins de Dieu sur son enfant. Il est vrai que la piété de Gertrude, ses vertus, ses habitudes de régularité, qui en faisaient déjà comme une religieuse dans le monde, ne laissaient guère d'hésitation possible dans l'esprit de Mme de Montagu.

Beaucoup de parents, il faut le dire, même parmi les plus chrétiens et les plus attentifs à bien connaître leurs enfants, n'ont pas toujours une aussi pleine lumière, quand il faut juger de leur vocation. Ils ont alors, non seulement le droit, mais le devoir, d'examiner ou de faire examiner une détermination qui peut avoir les plus graves conséquences pour l'avenir; une hésitation de leur part, et même un ajournement raisonnable de toute décision, n'est donc point à blâmer, tant que des doutes fondés subsistent dans eur esprit. Mais quand ces doutes sont dissipés, quand les délais convenables sont expirés, quand l'âme qui veut se donner à Dieu est sortie victorieuse et raffermie des sages épreuves qui lui ont été imposées, une résistance obstinée et définitive des parents deviendrait un empiètement sur la conscience des enfants, une usurpation des droits de Dieu. Car s'il est vrai, en thèse générale, que Dieu appelle à la vie religieuse par une invitation, et non par un ordre formel ; si, à part certains cas exceptionnels, chacun reste libre de choisir sa voie, il n'est pas de puissance au monde qui ait le droit d'empêcher une âme de se donner à Dieu et de suivre Jésus-Christ dans le chemin de la perfection.

Mme de Montagu n'eut point à se défendre d'une tentation comme celle-là. Et pourtant le coup lui fut bien sensible. Les vides se multipliaient autour d'elle. M. de Montagu était mort ; le corps d'Étienne reposait à l'ombre du sanctuaire de Lourdes; Thérèse s'était donnée au cloître; celui des fils qui restait à la maison songeait à s'établir; la solitude allait remplacer les douces réunions de famille et les joies du foyer. Mais Mme de Montagu se rappela que le cœur d'une mère chrétienne finit toujours par devenir un autel, qu'elle doit être prête à tous les sacrifices; elle ne songea point à disputer sa fille à Dieu.

Gertrude était bien fixée sur le fond même de sa vocation; elle se savait appelée à la vie religieuse; mais dans quelle communauté devait-elle entrer?

Elle avait fait autrefois deux retraites à Notre-Dame du Cénacle, la première à Versailles en 1877, la seconde à Lille en 1880. Elle voulut en faire une autre, encore dans la maison de Lille, au mois de juillet 1881. C'est pendant cette dernière, qu'elle se sentit pressée de solliciter son admission à Notre-Dame du Cénacle. Elle n'était point sans inquiétude, et se demandait sérieusement si on consentirait à la recevoir, se croyant très indigne d'une telle vocation. Cependant, encouragée par le Père qui l'avait dirigée pendant sa retraite, elle adressa la lettre suivante à la très révérende Mère Générale :

Lille, 15 juillet 1881.

Ma révérende Mère,

Je suis au dernier jour d'une retraite que je viens de faire avec tout le sérieux et la bonne volonté dont je suis capable. Depuis longtemps j'avais senti un immense besoin de la vie religieuse... et reconnu l'appel de Dieu, mais sans savoir au juste dans quelle communauté il m'appelait. Je crois maintenant que sa voix s'est fait plus clairement entendre, par l'intermédiaire du Père X..., qui a dirigé ma retraite, et c'est avec un grand bonheur que je viens vous demander, ma révérende Mère, la faveur d'être reçue au nombre de vos filles. J'aimais beaucoup la Retraite, mais je n'aurais jamais osé vous adresser cette demande, sentant toute mon incapacité, et l'infériorité de mon intelligence qui est au-dessous de l'ordinaire.

Ni ma sœur Thérèse, ni personne autre, ne m'a engagée à faire aucune tentative en ce sens, et ne m'a laissé espérer que je pourrais être reçue. Mais le Père X... m'a dit que, bien qu'il y ait beaucoup à réformer en moi, je pouvais espérer, en me mettant sérieusement à l'œuvre, devenir une bonne religieuse du Cénacle.

Je suis très enfant ; mon éducation est à refaire, car je n'ai opposé jusqu'ici que des obstacles ou une complète inertie aux efforts de maman et de mes maîtresses. J'ai beaucoup de défauts extérieurs, mais je compte me servir de ces défauts pour acquérir l'humilité. Je veux apporter au noviciat une bonne volonté et une obéissance entières, et je suis disposée à recevoir avec reconnaissance toutes les observations que l'on pourra me faire ; j'espère fermement avec le secours de la prière me corriger de mes défauts et persévérer dans ma vocation.

Vous ne sauriez croire, ma révérende Mère, combien je désire obtenir une réponse favorable. Jusque-là, je vais être dans toutes les appréhensions de l'incertitude. Quelle qu'elle soit, je serais bien heureuse, si je pouvais l'obtenir avant mon départ de Lille, qui s'effectuera dans peu de jours; je ne voudrais pas quitter la Retraite sans être fixée sur mon sort.

Laissez-moi, ma révérende Mère, vous remercier d'avance de mon arrêt ; je le regarderai comme venant de Notre-Seigneur lui-même, et permettez-moi de vous offrir l'expression de mes sentiments les plus profondément respectueux et soumis.

GERTRUDE DE MONTAGU.

Thérèse fut informée de la démarche que Gertrude venait de faire, et avant de connaître la décision de la Mère Générale, elle écrivit à celle-ci la lettre qui suit :

Ma très révérende Mère,

Vous serez peut-être étonnée de la lettre de ma sœur; j'étais loin de soupçonner moi-même ce résultat de sa retraite. Quant à la vocation religieuse, il n'y a point à hésiter pour elle; mais j'avoue que je n'avais jamais demandé qu'elle vînt se joindre à ma famille religieuse; je ne la croyais pas faite pour ce genre de vie. Je viens, ma révérende Mère, non point appuyer sa demande, elle sait que je ne *l'aiderai nullement* de ce côté, ce n'est point mon inspiration ; mais je viens vous dire en toute intimité et confiance ce que je pense de Gertrude. Elle a vingt-deux ans ; sa santé est certainement aussi bonne que la mienne. Elle a un certain fonds d'originalité, est encore très enfant, mais elle est instruite, ayant passé sept ans au Sacré-Cœur, où elle a même fait sa classe supérieure. Son instruction religieuse a été particulièrement soignée. Il y a en elle des germes très réels de l'esprit religieux ; elle sera obéissante, et surtout très disposée à reconnaître ses torts et à s'en corriger, car elle ne dissimule nullement ses défauts, et je vous assure qu'elle était bien embarrassée à la pensée de se présenter au Cénacle. Si elle y est admise elle sera bien heureuse, car elle aime de tout son cœur notre chère Congrégation. Du côté de ma mère, il n'y aura aucune difficulté.

Notre-Seigneur vous inspirera, ma très révérende Mère, la décision que Gertrude attend. Si c'est un refus, ne craignez point de me faire de la peine, elle et moi n'en serons nullement étonnées. Ce serait le signe alors qu'il lui faudrait chercher ailleurs. Elle est parfaitement décidée à se mettre courageusement à l'œuvre jusqu'à ce que la porte d'une maison religieuse s'ouvre pour elle.

Mais si Gertrude a la consolation de devenir votre fille, j'espère que nous serons toutes deux des âmes sur lesquelles vous pourrez compter.

Croyez, ma très révérende Mère, aux sentiments respectueux et reconnaissants, avec lesquels je suis en Notre-Seigneur, votre humble fille,

THÉRÈSE DE MONTAGU.

Ces deux sœurs étaient dignes l'une de l'autre; elles méritaient d'être réunies et de vivre de la même vie. Dieu leur accorda cette faveur. La réponse de la révérende Mère ne se fit pas attendre; elle était favorable; Gertrude était admise au noviciat de Notre-Dame du Cénacle.

Il serait difficile de dire quelle fut sa joie. Elle s'empressa de remercier avec effusion la Mère Générale.

Je ne veux pas tarder d'un seul jour, disait-elle, à vous exprimer toute ma reconnaissance et toute la joie que m'a causée la réponse si indulgente que la Mère d'... a eu la bonté de me transmettre de votre part. Je n'osais espérer tant de bonheur. Thérèse m'avait entretenue dans une sage appréhension, et j'avais grand'peur de n'être pas si bien reçue. Cependant j'espérais beaucoup de la bonté de Notre-Seigneur. Il me semblait qu'il avait lui-même dirigé toutes choses pendant cette retraite, qu'il avait changé les dispositions de mon cœur et manifesté clairement sa volonté pour ma vocation.

Votre réponse, ma révérende Mère, est venue me prouver que je ne trompais pas..... oh! ma révérende Mère, puisque vous voulez bien me considérer déjà comme une de vos enfants, laissez-moi vous demander une place dans vos prières pour obtenir du bon Dieu que je sois fidèle à sa grâce; laissez-moi aussi vous renouveler la promesse de vous apporter toute la bonne volonté dont je suis capable.

Je vous supplie, ma révérende Mère, d'agréer l'expression de mes sentiments les plus respectueux et les plus filials en Notre-Seigneur.

GERTRUDE DE MONTAGU.

Thérèse n'était pas moins heureuse que sa sœur.

Laissez-moi vous remercier tout de suite, écrivait-elle à la révérende Mère Générale, de la bonté avec laquelle vous voulez bien admettre Gertrude. Elle va apprendre cette nouvelle à Paris, et je sais que son cœur débordera de joie. Il est du reste depuis longtemps à la Retraite. Il y a deux ans, elle m'en parlait déjà avec un désir très ardent de m'y rejoindre; mais je l'ai toujours dissuadée de ce projet; elle comprenait d'ailleurs mes raisons. Mais comme elle nous aime beaucoup, elle gardait toujours un secret espoir d'être *nôtre*. Que Notre-Seigneur est donc bon! Mais vous, ma révérende Mère, c'est un grand acte de charité que vous faites là; laissez-moi encore vous le dire en vous remerciant. Je ne puis le faire autant que je le désirerais, car j'ai pour cette âme plus qu'un cœur de sœur; c'est quelque chose de vraiment maternel. Si c'était possible cela me donnerait un nouvel élan à me dévouer pour *deux*.

Veuillez agréer, etc.

THÉRÈSE DE MONTAGU.

Dès ce moment, Gertrude appartenait

à Notre-Dame de la Retraite. On était au mois de juillet 1881. Un événement de famille, auquel nous avons déjà fait allusion, allait la retenir quelques mois encore dans le monde. Son frère venait de se marier; cela donnait lieu naturellement à des fêtes, à des réceptions, et Mme de Montagu ne pouvait seule faire face aux exigences de la situation. Gertrude devait donc assister sa mère dans l'accomplissement de ces devoirs de famille, et son entrée au noviciat fut ainsi retardée de trois mois.

Ce temps lui parut bien long, et elle le disait dans une lettre qu'elle adressa, au mois d'août, à la Maîtresse des novices.

Maman n'a pas fait d'opposition à ma demande d'entrer au Cénacle; mais elle ne compte pas me conduire à Lille avant la fin d'octobre; de Lille alors je gagnerai Versailles. Ce temps me paraît bien long, et je voudrais bien m'éclipser avant cette époque, d'autant plus que je vais avoir à traverser une période fort agitée. Le séjour ici de mon frère et de sa jeune femme donnera lieu à des réceptions, parties de plaisir, etc., toutes choses dont je me dispenserais volontiers, mais dont maman ne me dispensera pas ; or, je ne puis partir sans sa permission. Oh ! ma Mère, oserai-je vous demander de recommander cette intention aux prières du noviciat ? Que Notre-Seigneur hâte pour moi le moment d'être toute à lui ; que ce séjour dans le monde ne soit pas au détriment de mon âme !

Enfin le moment tant désiré arriva, et Mme de Montagu quitta *Vieux Château* avec Gertrude, traversa Paris, s'arrêta quelques instants à la maison mère de la rue du Regard, et arriva à Lille dans les premiers jours de novembre. C'est là qu'elle fit ses adieux à Gertrude, qu'elle renouvela ceux qu'elle avait faits autrefois à Thérèse, et elle rentra seule sous un toit naguère bruyant et animé, aujourd'hui presque désert. Il était peuplé, il est vrai, des plus doux et des plus chers souvenirs, et un jour vient où les souvenirs occupent la plus grande et souvent la meilleure place dans notre vie.

Avant de quitter Lille, Gertrude avait écrit à la Mère Générale pour lui annoncer son arrivée :

Que je suis heureuse, disait-elle, de penser que dans quelques jours je serai au noviciat ! Le bon Dieu a fait disparaître pour moi toutes les difficultés et je quitte le monde sans aucun regret. Aussi bien, n'y ai-je pas grand mérite, car il me semble qu'il n'y a aucune comparaison entre ce que je quitte et ce que je trouve. Que Notre-Seigneur me fasse maintenant la grâce de la persévérance, et qu'il forme en moi les dispositions d'une bonne religieuse ; c'est tout ce que je désire.... Je crois vous l'avoir déjà écrit, ma révérende Mère, tout en moi est à refaire ; il me faut *apprendre* à obéir sans raisonner, à m'oublier moi-même, à me dévouer, et surtout à aimer Notre-Seigneur, ce qu'en vérité je n'ai pas du tout su faire jusqu'ici...

———

III

Gertrude arriva au noviciat de Versailles, le 24 novembre 1881.

Le couvent est situé à l'extrémité du faubourg de Montreuil, à une petite distance de la route de Paris. Les bâtiments sont de modeste apparence. C'était autrefois une simple maison de campagne. Les religieuses ont élevé depuis quelques constructions pour loger les retraitantes. En ce moment, on bâtit une chapelle qui pourra servir non seulement aux novices, mais aux retraites nombreuses qui se prêchent soit à la communauté soit aux diverses associations qui se réunissent fréquemment à Notre-Dame du Cénacle.

On a prétendu, mais sans fondement,

que la maison avait appartenu autrefois à Mme Élisabeth de France. La propriété de la princesse était, paraît-il, dans le voisinage, et un peu plus rapprochée du centre de la ville.

Si la maison est modeste, l'enclos au contraire est très vaste et d'une grande beauté. Les religieuses de la Retraite ne sortent jamais de leur couvent, si ce n'est pour se rendre dans une autre maison de la société; il est donc bien désirable qu'elles puissent trouver chez elles de l'espace, de l'ombre et un air pur. Cela est plus nécessaire encore dans un noviciat, parce que généralement la communauté est très nombreuse, et aussi parce que l'austérité du cloître, succédant tout à coup au régime du monde, compromettrait facilement la santé de ces jeunes filles habituées aux délicatesses de la vie de famille.

Gertrude fut accueillie comme une sœur depuis longtemps annoncée et impatiemment attendue. C'est une grande joie pour les novices de voir augmenter leur petite famille. Quel que soit l'âge de la nouvelle arrivée, elle est considérée comme la plus jeune, car la naissance à la vie religieuse commence au seuil du noviciat. A ce titre, elle est entourée de plus d'égards et de soins plus attentifs. On se met à sa disposition, on l'initie aux usages de la communauté, on lui facilite toutes choses, et, dès le premier jour, elle peut s'apercevoir qu'elle n'est déjà plus une étrangère.

Le P. Faber a écrit quelque part « On dit que le noviciat des Jésuites est un Paradis. » Rien n'est plus vrai, mais je crois qu'on peut dire la même chose de tous les noviciats. La vraie novice a tous les charmes et toutes les qualités de l'enfant, sans en avoir les défauts. Elle est obéissante, pleine de simplicité et de confiance; elle croit sans effort ce qu'on lui dit et trouve bien tout ce qu'on lui commande. Elle n'a pas de volonté propre, elle sait qu'on l'aime, et dès lors elle s'abandonne et se laisse conduire sans arrière-pensée.

A ces qualités de l'enfant, la novice joint les qualités de l'âge mûr : elle est affable, complaisante, dévouée, toujours prête à rendre service et à se sacrifier pour les autres. Supposez une réunion de jeunes filles douées de ces qualités, ornées de ces vertus, et vous comprendrez que, s'il y a un paradis sur la terre, c'est une telle réunion qui peut le réaliser.

Or, ce n'est point un tableau de fantaisie, c'est un portrait que nous venons de tracer, et il n'a fallu pour cela que nous rappeler ce que nous avons vu de nos yeux dans les communautés qu'il nous a été donné de connaître; nous n'avons eu qu'à nous rappeler nos souvenirs du noviciat de Montreuil.

On comprend que ces jeunes filles ont une mère; c'est la maîtresse des novices, et on l'appelle la Mère maîtresse.

Elle est choisie avec un soin particulier dans toute la Congrégation, à cause de l'importance de ses fonctions. Une maîtresses des novices doit posséder un ensemble de qualités et de vertus qu'on ne trouve pas fréquemment réunies dans la même personne. Il lui faut des lumières, car elle est appelée à instruire; de la prudence, car elle doit souvent donner des conseils; de la bonté, car elle peut avoir des douleurs à consoler et des volontés à soutenir. Il ne lui faut manquer d'aucune vertu, car elle doit être en tout et pour tout le monde un modèle de perfection. La grâce sans doute aide puissamment à former une maîtresse des novices, mais la nature de son côté n'y est pas étrangère. La Providence a donné aux mères une patience, une longanimité merveilleuses, une prévoyance incomparable dans l'éducation des enfants; elle a donné quelque chose de ces qualités à la maîtresse des novices. Son extérieur même et sa physionomie reflètent les dispositions paisibles et bienveillantes de son âme. Elle est affable, pieuse, modeste, étrangère à l'empressement et surtout à l'impatience. Le soin de ses novices est sa principale, et autant que possible, sa seule occupation; le reste est accessoire.

Toutes les novices se ressemblent, comme les enfants d'une même famille. Elles ont le même costume, la même règle, les mêmes exercices, à peu près le même âge, et on peut dire que le portrait de l'une est le portrait de presque toutes les autres.

Pourtant, dès le noviciat, on commence à discerner les attraits, les aptitudes de chacune, dans les différents emplois qu'on lui confie; et on ne tarde guère à entrevoir quel sera, dans l'avenir, le caractère particulier de ses vertus.

Quant à Gertrude, elle était moins exposée qu'une autre à ressembler à tout le monde. Sa sœur nous l'a dit plus haut: elle avait une certaine nuance d'originalité qui faisait partie de sa physionomie morale, et l'empêchait, bien contre son gré d'ailleurs, de passer inaperçue.

Il est clair que, dans la formation des novices, on doit avoir en vue le but que se propose l'Institut, puisque, dans la pensée de l'Église, le noviciat est l'apprentissage des vertus et des œuvres auxquelles la religieuse doit consacrer sa vie. Or, dans le plan général de la société de Notre-Dame du Cénacle, nous lisons à l'article 2 : « Le but de la société est, pour chacun de ses membres, non seulement de vaquer à son salut et à sa perfection propre avec le secours de la grâce, mais encore de s'employer, avec la même grâce, au salut et à la perfection du prochain, par la prière et l'adoration perpétuelle du très Saint-Sacrement[1], par les retraites spirituelles et par l'enseignement de la doctrine chrétienne. »

Ce n'est point la vie exclusivement contemplative, ce n'est pas davantage une

1. Cette adoration se fait alternativement dans chaque maison de la Société, le jour devant le très Saint-Sacrement exposé, la nuit devant le tabernacle. De cette manière l'adoration du Saint-Sacrement est perpétuelle dans la Congrégation.

vie consacrée uniquement à l'action ; c'est le mélange des deux vies.

La novice du Cénacle doit donc avant tout songer à sa perfection, et tous les talents, tous les dons naturels ne pourraient suppléer en elle aux vertus religieuses. Elle doit avoir une grande estime pour la prière, pour la méditation, sans lesquelles il n'est pas de perfection possible; elle doit avoir un tendre amour pour l'Eucharistie, l'adoration du Saint-Sacrement faisant partie de sa vocation; elle doit aimer les saints exercices, en connaître l'esprit; sans cette connaissance, elle serait moins apte à remplir près des âmes le rôle d'ange gardien qui doit un jour lui être confié. Elle doit avoir un zèle ardent pour le salut du prochain, et, dès le noviciat, s'efforcer de porter à Dieu par ses paroles et ses exemples tous ceux qui s'entretiendront avec elle.

Elle doit étudier et posséder sérieusement la doctrine chrétienne, car elle sera chargée de l'enseigner aux enfants, aux ignorants, à toutes les âmes dépourvues d'instruction religieuse qui lui demanderaient un tel secours.

Enfin l'humilité, la prudence, la patience, une grande générosité de cœur, unies aux vertus que nous venons d'énumérer, complètent à nos yeux le fidèle portrait de la religieuse du Cénacle. Se former à ces vertus, c'est l'œuvre du noviciat.

Gertrude de Montagu prit sa tâche au sérieux, et dès le premier jour, elle devint pour les autres novices un sujet d'édification. Mais, de l'avis de tout le monde, sa vertu de prédilection fut l'humilité. Elle était vraiment pénétrée du sentiment de sa petitesse et de sa misère; c'était sincèrement et du fond du cœur qu'elle cherchait et demandait en tout la dernière place. Elle sollicitait souvent comme une faveur de s'associer à quelques-unes de ses sœurs, pour prier avec elles. « Pour moi, disait-elle, je prie si mal qu'il m'est doux de m'unir à mes sœurs plus ferventes ; ma prière en telle compagnie sera mieux accueillie de Dieu. » Et pourtant, personne n'était recueilli comme elle quand elle priait. Cette humilité qui pénétrait son âme, en présence de Dieu, rejaillissait sur son visage et sur toute sa personne. « Il suffit de voir notre sœur Gertrude, disaient quelquefois ses sœurs, pour se sentir attirée à prier. » D'autres disaient, qu'à la chapelle, Gertrude ressemblait bien plus à un ange qu'à une créature mortelle.

Humble envers Dieu, elle était humble envers tout le monde; convaincue qu'elle avait beaucoup de défauts, elle acceptait, non seulement sans humeur, mais comme une bonne fortune, toute observation qui ressemblait à une réprimande. Toutefois, ce n'est pas uniquement à son heureux caractère qu'il faut attribuer, en ces circonstances, la paix de son âme et la sérénité de son visage. Elle n'était humble que par vertu.

« Un jour, dit une de ses supérieures, elle reçut d'une manière charmante une parole trop vive, et même un peu blessante, qui lui était adressée. Je crus qu'elle n'avait pas compris ; mais à quelque temps de là, me rendant compte de ses pratiques de piété, elle me répéta, en souriant, la phrase qui semblait avoir glissé sur elle sans l'atteindre, et ajouta, de façon à faire comprendre que rien ne lui avait échappé : « Je tâche, ma Mère, de « faire mon profit de la leçon qui m'a été « donnée. »

Son humilité se traduisait aussi par un grand oubli d'elle-même. Elle ne tarda guère à éprouver une sorte de fatigue sourde et incessante qui, sans indiquer encore une maladie caractérisée, était peut-être un des premiers symptômes du mal auquel elle allait bientôt succomber. C'était comme une lassitude générale, une langueur, qui lui rendaient tout effort pénible. Elle s'ingéniait alors à cacher cet état aux yeux de ses sœurs et à souffrir en silence. Quand elle montaît les escaliers, par exemple, la douleur lui arrachait parfois des larmes involontaires ; mais elle ne changeait rien à ses habitudes, et comme cet état de souffrance apportait quelque retard aux occupations dont elle était chargée, elle s'accusait de mollesse et de lâcheté.

Nous lisons dans ses notes intimes les lignes suivantes :

« M'appliquer à me faire oublier, me réjouir lorsque cela arrive. Ne pas opposer toujours ma faiblesse, mon incapacité, etc.; me contenter d'en recueillir aussi joyeusement que possible l'humiliation... Ma pratique de l'abnégation c'est justement l'abandon; ce que je n'aurais pas choisi, c'est justement le meilleur... Le bon Dieu saura bien me faire mourir de la meilleure manière... Cette abnégation par l'abandon me fera éviter beaucoup de paroles inutiles, dans mes rapports avec les supérieures surtout... Or, presque toutes ici me sont supérieures; je suis la dernière des novices; je ne dois pas l'oublier .. » — « Ma terreur, disait-elle souvent, est de ne pas édifier la communauté. » C'était surtout sa lenteur, hélas ! bien involontaire, qui lui donnait ces inquiétudes.

Malgré cet état de souffrances, Gertrude

se livrait courageusement à tous les exercices du noviciat.

Avec une santé déplorable, elle avait d'étonnantes ressources d'esprit et de cœur; et comme l'amour-propre avait de moins en moins de place dans sa vie, et qu'un échec pour elle n'était point chose redoutable, elle acceptait sans hésitation, des tâches qui auraient effrayé toutes les autres.

Un jour, dans une cérémonie religieuse, on eut besoin, au moment du salut, d'un acte de consécration spéciale qui ne se trouvait dans aucun livre. La Mère maîtresse se tourna vers Gertrude et lui dit : « Sortez, allez faire tout de suite cet acte de consécration. » Elle sortit, sans même penser à faire une objection, et un instant après elle revenait avec une ravissante prière qui charma et édifia tout le monde. Elle aurait été bien étonnée, si on lui avait dit qu'elle venait de faire un acte de vertu.

Parmi les occupations des religieuses de Notre-Dame du Cénacle, la plus importante est l'œuvre des retraites. Voici ce que nous lisons à l'article 12 du plan de la Société.

« Les maisons de la Retraite sont comme des Cénacles où les femmes et les jeunes filles de toutes les classes peuvent se retirer en tout temps, pour y faire les exercices spirituels, c'est-à-dire pour s'appliquer pendant quelques jours à l'étude des vérités du salut, au recueillement et à la prière, soit qu'elles veuillent consulter le Saint-Esprit avant de fixer leur avenir, soit qu'elles sentent surtout le besoin de mettre un ordre plus chrétien dans leur vie, ou simplement pour chercher et goûter plus intimement Notre-Seigneur, loin des embarras du monde, et par là s'avancer plus sûrement dans les voies de la piété.

« Art. 13. —Il y a deux sortes de retraites : les unes sont données en commun à un nombre plus ou moins grand de retraitantes par un prêtre directeur. Elles ont des exhortations ou conférences, auxquelles on peut admettre, par exception, quelques femmes du monde, qui pourraient difficilement quitter leur famille pour demeurer dans la maison... Ces retraites réunissent généralement des personnes de même condition.

« Art. 14. — Il y a aussi des retraites particulières. Celles-ci ne doivent pas durer moins de trois jours. Chaque retraitante a pour la diriger, soit son confesseur ordinaire, soit un autre prêtre choisi par elle ; l'Institut accepte avec reconnaissance le concours et le ministère de tous les ordres religieux et de tous les membres du clergé.

« Art. 15. — La retraite du mois est ordinairement prêchée, et fixée à un jour indiqué pour chaque maison ; mais on peut la faire aussi en particulier au jour de son choix.

« Art. 16. — Quant aux services spirituels que les religieuses de Notre-Dame du Cénacle sont appelées à rendre aux retraitantes, ils ressemblent à la mission des Anges gardiens qui écartent les obstacles, préparent les moyens, encouragent et prient. Elles seront humbles et prudentes, et en référeront toujours à l'autorité du directeur.

« Art. 17. — Ce qui regarde les retraites particulières est réglé en détail selon la méthode des exercices de Saint-Ignace, par un directoire approuvé. »

Les novices, on le comprend, ne peuvent prendre une grande part à ce ministère des retraites; elles sont encore trop inexpérimentées, et d'ailleurs le soin de leur propre perfection est le but constant et principal du noviciat. Cependant on les initie peu à peu à ce contact des âmes, en les donnant pour compagnes à de jeunes retraitantes, aux heures de récréation ou à d'autres moments de la journée, les habituant ainsi à parler de Dieu et des choses de la piété. -

Gertude réussissait à merveille dans cet emploi, qui demande beaucoup de prudence et de sagacité. Avec elle, les jeunes retraitantes étaient bien vite en confiance; elles ne la quittaient qu'avec peine, et s'en allaient toujours charmées de sa bonté et de l'aménité de son caractère.

Cependant un autre ministère lui souriait encore davantage ; c'était l'enseignement de la doctrine chrétienne, pour lequel elle avait une aptitude vraiment remarquable.

« Après l'œuvre des retraites, lisons-nous à l'article 18 du plan général, l'enseignement de la doctrine chrétienne est l'emploi le plus conforme à la fin de l'Institut qui embrasse du reste, pour l'amour de Notre-Seigneur et de Notre-Dame, tous les offices de la charité spirituelle et toutes les fonctions propres à étendre le règne de Jésus-Christ dans les âmes, selon l'esprit du Cénacle qui est un esprit universel dans une grande unité.

« Ainsi les maisons de la Société seront toujours ouvertes pour accueillir les enfants et les adultes qui se disposent à faire leur première communion, les personnes étrangères à l'Église catholique, qui désirent se préparer à leur abjuration et à la réception des sacrements, les nouvelles converties qui ont besoin de se fortifier dans la foi et de se soustraire à des influences dangereuses. Et les sœurs doivent être toujours prêtes à faire auprès des personnes de leur sexe, sous l'autorité et la haute direction du sacerdoce, ce que le prêtre ferait moins facilement qu'elles, dans les détails, pour exhorter, consoler et instruire. »

On peut dire que Gertrude excellait dans cette importante fonction de catéchiste. Elle savait captiver l'attention des enfants, leur rendait accessibles les explications en apparence les plus difficiles, et ne tardait guère à prendre un grand ascendant sur leur esprit et sur leur cœur.

Il va sans dire que les religieuses du

Cénacle sont préparées, dès le noviciat, à ce genre d'enseignement, par des études spéciales, et par des conférences que des théologiens autorisés font régulièrement à la communauté réunie.

Si l'on joint à ces divers expériments l'étude pratique des saints excercices, l'adoration fréquente du Saint-Sacrement, la récitation de l'office de la sainte Vierge, la lecture spirituelle, la rédaction de certaines instructions dont le souvenir peut-être utilisé, soit au noviciat, soit ailleurs, il est aisé de comprendre que la novice du Cénacle n'a guère le temps de se replier sur elle-même, qu'elle n'est exposée ni à l'oisiveté, ni à l'ennui.

Le noviciat du Cénacle est de deux ans. Après une année de séjour dans la communauté, « les novices sont présentées à l'examen canonique, font quelques jours de retraite, reçoivent l'habit religieux, et continuent leur deuxième probation qui doit durer une année pleine, à partir de la prise d'habit. Les deux années d'épreuves étant écoulées, si la novice persiste dans ses bons desseins, et si la Société est contente d'elle, elle est examinée une seconde fois par l'évêque, fait une retraite et est admise aux premiers vœux qui se font pour cinq ans. Au terme de ces cinq ans, la professe temporaire est soumise pendant six mois à une troisième probation ; elle fait durant ce temps les exercices de Saint-Ignace ; on la présente une troisième fois à l'évêque pour l'examen canonique, et, si elle en est jugée digne, elle est définitivement incorporée à la Société par la profession perpétuelle. » (Plan général, art. 9.)

IV

Gertrude de Montagu avait pris l'habit le 22 novembre 1882; elle fut admise à faire ses premiers vœux le 2 décembre 1883. Il semble que ce jour-là Dieu ait voulu prendre au mot la jeune victime qui s'offrait à lui sans réserve; car c'est à partir de ce moment surtout que l'immolation commença.

Pendant son noviciat, Gertrude avait joui d'une assez bonne santé. A part ces instants de langueur dont nous avons parlé plus haut, elle suivait régulièrement les exercices de la communauté, et quand elle fit ses vœux, on pouvait espérer pour elle de nombreuses années de sacrifices et de saintes œuvres. Le ciel en avait décidé autrement. Gertrude n'aura été pour le Cénacle qu'une douce et charmante apparition ; mais son rapide passage a laissé dans tous les cœurs un parfum d'édification non moins utile et non moins cher à sa famille religieuse que les travaux d'une longue carrière.

C'est à partir de ce moment, qu'elle eut l'inspiration de se consacrer d'une manière toute particulière à la sainte Vierge, de vivre de sa vie, de se pénétrer de ses pensées, de ses sentiments, pour mieux servir Notre-Seigneur. Marie dès lors devint l'âme de ses actions. Une de ses sœurs lui demandant un jour pourquoi, après la sainte communion, elle répétait si souvent: Marie! Marie! elle répondit avec son humble candeur : « Je ne suis pas digne de dire : Jésus, mais j'ai fait mes conventions avec la sainte Vierge, et pendant que je dis :

Marie! de tout mon coeur, elle dit Jésus, pour moi et bien mieux que moi!»

On croit aussi que les premiers actes de sa préparation à la mort datent de cette époque. Toujours est-il que ses désirs de perfection devinrent plus ardents que jamais; elle ne se pardonnait pas la plus petite faute et s'accusait des plus légers manquements.

Dans son extérieur, rien ne paraissait changé, si ce n'est peut-être que la lenteur de ses mouvements devenait chaque jour plus sensible, mais en réalité sa santé s'affaiblissait rapidement. La nuit, elle était en proie à de longues insomnies, et les heures que les autres consacraient au sommeil étaient pour elle des heures de prière et d'entretiens avec Dieu. Pendant le mois de mai de 1884 surtout, elle passait une partie de ses nuits à invoquer Marie; elle lui adressait les colloques les plus tendres : *Mater divinæ gratiæ... Causa nostræ lœtitiæ... Virgo fidelis...* A cette dernière invocation, elle se répandait en louanges sur les perfections de la sainte Vierge ; elle les énumérait avec une filiale complaisance. Puis, elle se reprochait à elle-même ses infidélités, ses lâchetés, qui n'étaient jamais que des retards ou des oublis dans ses emplois, quelques dizaines de chapelet dites trop lentement, etc... Alors commençait une conversation avec Jésus et Marie. Elle les appelait avec des inflexions de voix si douces, si enflammées, que cela remuait profondément le cœur.

Elle avait grand soin, dit la supérieure de la rue de La Bourdonnais, de fermer la porte de communication entre nos deux chambres, mais j'avais trouvé le moyen de l'ouvrir sans bruit, et je me rendais compte de tout. Le plus ordinairement, elle priait à voix basse jusque vers onze heures, puis s'endormait, et vers trois heures et demie ou quatre heures, elle recommençait à s'entretenir avec Dieu. Le lendemain, elle ne parlait pas même de sa fatigue et rien ne trahissait au dehors son manque de sommeil. Craignant que cela ne pût nuire à sa santé, je crus prudent de lui faire quelques observations. Elle essaya une explication, mais comme j'insistais, elle me promit qu'elle chercherait à calmer tout ce qui était trop sensible dans son amour pour Dieu et qu'elle ferait son possible pour dormir. C'est vers cette époque que Gertrude écrivait ces lignes à la Mère Générale :

Mes lettres sont ordinairement assez gémissantes, et comme en ce moment je n'ai point envie de gémir, mais de me réjouir en Notre-Seigneur et en sa sainte Mère, j'espère que vous me ferez bon accueil.

Je suis très contente de toutes les dispositions de la Providence à mon égard et à l'égard de tous ceux à qui je m'intéresse; et quoique le sensible ne doive guère durer, j'espère que je continuerai d'être contente, lorsque l'impression de joie aura disparu. Mes consolations ne sont pas du tout larmoyantes maintenant, et consistent, il me semble, dans l'intention d'être disposée à tout ce que le bon Dieu voudra. Il me prépare peut-être quelque sacrifice... alors tant mieux, car je veux l'aimer, et son amour n'est guère solide, lorsqu'il ne subit aucune épreuve.

Le grand désir de mon âme est d'être bien à Marie, *toute sienne.* Mais il ne suffit pas de m'être donnée à elle, d'avoir prié notre Mère et maman et Thérèse de le faire aussi pour moi. Je vous en supplie, ma révérende Mère, usez du pouvoir que vous ont donné mes vœux sur votre petite Gertrude, pour la donner, la vouer, la consacrer plus spécialement à Marie. Vous ne lui donnerez pas grand'chose, mais si ce petit rien est bien à Marie, elle en fera ce qu'elle voudra. Oh! que Gertrude a besoin d'être gardée par Marie; autrement, elle ne vous donnera que des ennuis et ne fera que des sottises !

Les supérieures ne tardèrent pas à concevoir de sérieuses inquiétudes sur la santé de Gertrude. Sa sœur Thérèse était supérieure de la maison de Lille. Par une délicate attention, on eut la pensée de confier la jeune malade à celle qui, dès son enfance, avait été sa seconde mère. Elle quitta donc Versailles, au mois d'août 1884, arriva à Lille et se mit sous la direction de sa sœur devenue sa supérieure.

Celle-ci eut bientôt remarqué les immenses progrès que la jeune religieuse avait faits dans toutes les vertus, mais elle ne se rendit pas immédiatement compte de l'altération de sa santé. Gertrude, au contraire, ne se faisait aucune illusion sur ce point; elle parlait de sa mort prochaine comme de la chose la plus simple du monde. Elle avait même écrit à sa mère une lettre dans laquelle elle lui disait toute sa pensée à cet égard ; mais Thérèse déchira la lettre à son insu, et Mme de Montagu ne sut la vérité que plus tard.

Au mois d'octobre, Gertrude rendait compte de ses pensées, dans une lettre à la Mère Générale, où nous lisons ce qui suit :

Tout ce que j'ai à vous dire, ma révérende Mère, se résume dans l'*eccè ancilla Domini*, ou le désir de cet amoureux abandon que le Père P... m'a indiqué comme devant être le caractère particulier du renoncement à moi-même. Je bénis Dieu de m'avoir donné cette voie ; je lui demande de m'y garder et de m'y faire marcher toujours. Et puis, au total, si on regarde le cours de mes pensées ou de mes actions il se trouve que je suis l'âme la moins abandonnée, la moins simple, la plus raisonneuse, inquiète, désobéissante, etc., et que je n'ai pas fait plus de progrès sous ce rapport que sous tous les autres.

Quant à être utile pour quelque chose et à gagner par mon travail le pain qu'on a la charité de me donner bien largement, j'en ai aussi le désir, mais c'est un désir peu productif, et qui, je le crains, n'arrivera jamais aux effets, pas plus à Lille qu'ailleurs. Mais si le bon Dieu ne veut pas permettre que je me sente une personne utile, ce dont j'aurais trop d'amour-propre, il veut sans doute que je sois humble, obéissante, silencieuse, charitable, puisque cela ne demande aucun talent et qu'il l'exige de tout le monde.

Je suis toujours aussi enfant pour ce qui est de l'enfantillage, de la faiblesse et des défauts de l'enfance. Aussi ai-je pensé à prendre pour ma lecture spirituelle les ouvrages de Mme de Ségur adressés aux petits enfants, comme étant les plus à ma portée; mais d'autre part, comme je ne puis me décider à quitter un livre, lorsque je l'ai, je crois que je garderai encore longtemps le premier livre que j'ai ouvert en arrivant à Lille, le *Chemin de la perfection*, par saint François de Sales.

La direction de la jeune malade était devenue bien facile; elle ne raisonnait plus; elle faisait son examen sur l'abandon complet entre les mains de Notre-Seigneur.

« Elle demandait tous les jeudis, raconte sa sœur, à faire l'adoration nocturne du Saint-Sacrement. Je ne lui accordais pas souvent cette faveur, dans la crainte de la fatiguer. Une des dernières adorations qu'elle ait faites eut lieu après la fête de sainte Gertrude. Nous étions seules ensemble à la chapelle. A une heure et demie de la nuit elle me demanda de faire tout haut la donation d'elle-même à la sainte Vierge. Elle la prononça aussitôt, avec des louanges à Marie qui firent mon admiration. Nous allâmes ensuite auprès du tabernacle; là aussi, je lui permis de faire à haute voix un acte de confiance, d'abandon à Notre-Seigneur, de réparation, de renouvellement de ses promesses. Cette veillée, dont je n'ai jamais parlé, a été pour moi une révélation des ardeurs intimes de Gertrude. Je lui demandai, le lendemain, où elle avait trouvé les offrandes qui avaient jailli de son cœur pendant la nuit; elle me répondit qu'elle n'avait rien préparé.

« Le 30 octobre, elle était venue me trouver, me demandant de recommencer son noviciat, et de la considérer comme une novice. Une page qu'elle écrivit ce jour-là montre les sentiments qui remplissaient son âme :

Jeudi 30 octobre, fête du B. Alphonse.

J'ai résolu très sérieusement de recommencer mon noviciat, et je me suis présentée pour cela à notre Mère qui m'a agréée en qualité de novice, et m'a recommandé particulièrement de renoncer à tous les raisonnements, les jugements humains, personnels... d'être l'âme la plus abandonnée, la plus confiante, à qui on puisse tout demander.

Hier je me suis appliquée à faire tout cela de mon mieux; ce matin, j'ai fait ma communion d'entrée dans cette vie nouvelle de pauvreté, d'abnégation, d'abandon à Marie.

Il faut commencer par le commencement... il faut passer par les premiers degrés avant d'arriver aux plus élevés. Il faut creuser les fondements de l'édifice d'autant plus profondément qu'on veut l'élever davantage. Le noviciat est nécessaire, et inutilement on voudrait acquérir les vertus d'une vraie religieuse, si l'on ne commençait par acquérir celles d'une novice : l'humilité, l'obéissance, le renoncement à ses idées, à son esprit propre, au moi le plus intime enfin, pour se laisser faire par Notre-Seigneur et par tous ceux qui le représentent.

Dès les premiers jours de son arrivée, Gertrude avait demandé à sa sœur de ne l'épargner en rien; elle lui représentait ingénument que si la supérieure paraissait donner à sa sœur la moindre marque de partialité, réelle ou non, il en résulterait de l'inédification pour la communauté. Or, la crainte d'être pour la communauté un sujet de mauvais exemple ou de relâchement causait à Gertrude une véritable terreur.

Cette demande s'accordait trop bien avec la pensée de Thérèse pour qu'elle n'y fît pas droit. Bien plus, admirant la douceur et l'humilité avec lesquelles sa sœur recevait les avertissements, même peu justifiés, elle en avait fait une espèce d'enseignement pour les autres. Quand une sœur encore inexpérimentée avait mérité quelque reproche, elle saisissait l'occasion de faire en sa présence à Gertrude une vive réprimande sur n'importe quelle vétille, et celle-ci aussitôt remerciait sa supérieure avec effusion, l'assurait de sa docilité et des efforts qu'elle ferait à l'avenir pour se corriger.

Cependant les forces de Gertrude diminuaient sensiblement. « Ma Mère, disait-elle souvent à sa supérieure, ce qui se passe en moi n'est pas naturel; vous dites parfois que cela vient de mon imagination, mais je ne le pense pas; jamais je n'ai été mieux disposée moralement que maintenant, et pourtant je sens en moi un fond de tristesse auquel je ne comprends rien. » C'était l'heure du sacrifice qui approchait.

Au mois de novembre, la mère supérieure demanda à la communauté de faire une neuvaine préparatoire à la fête de sainte Gertrude. Elle chargea naturellement sa sœur d'organiser cet hommage à sa patrônne, choix de prières, etc.

A la fin de cette neuvaine, Gertrude qui ne paraissait pas plus fatiguée que d'habitude dit à sa sœur : « Je sens que je vais avoir une maladie grave, et que je mourrai, je vous en préviens à l'avance.— D'où peut vous venir une telle pensée? Souffrez-vous? Avez-vous été effrayée de quelque chose?... — Non, je ne souffre pas et je n'ai pas la moindre peur; ce que je vous dis n'en est pas moins vrai, et vous le verrez. »

Le médecin toutefois ne remarquait rien de grave dans son état et ne constatait que de la faiblesse. Mais la jeune malade répétait à sa sœur : « Ne vous y trompez pas, la mort n'est pas loin... Mieux vaut d'ailleurs que je m'en aille; je ne donnerais jamais à la Congrégation qu'une personne incapable et infirme; mais je n'ai pas trompé les supérieures, j'avais bien prévenu d'avance de ce que j'étais. »

Le samedi 6 décembre, elle eut une crise d'étouffement. On la consigna dans sa chambre pour qu'elle n'eût pas à monter les escaliers. Personne cependant n'avait d'inquiétudes sérieuses, ni le médecin, ni la supérieure, d'autant plus que Gertrude avait repris toute sa sérénité, qu'elle avait bonne mine, et qu'entre les dizaines de son chapelet, elle chantait joyeusement des cantiques, comme on le lui avait permis.

Le jour de l'Immaculée-Conception, elle se mit au lit; elle ne devait plus le quitter. Toutefois, sauf des crises d'étouffement, très pénibles à la vérité, et une extrême faiblesse, elle ne souffrait pas beaucoup, et disait à celles qui paraissaient la plaindre : « Mais je suis dans une *position magnifique*, entourée de soins, de prières, et ne souffrant pas ! »

Il semble que dans ces derniers jours, son amour pour l'humilité eût pris un nouvel essor. A la fin de la neuvaine de l'Immaculée-Conception, elle disait à sa sœur : « Offrez-moi bien à la sainte Vierge, je vous en supplie, offrez-lui bien ce petit paquet de misères. » Et ce n'était pas là une simple formule, mais la fidèle expression des sentiments qu'elle avait d'elle-même.

Thérèse, le lendemain, lui dit qu'elle avait fait sa commission, mais qu'elle avait prié Notre-Seigneur de couvrir de ses mérites le petit paquet de misères, pour en faire un bouquet de fleurs fraîches et embaumées, capable de charmer les regards de Marie.

Gertrude touchait à ses derniers instants, et rien ne semblait encore annoncer une prochaine catastrophe. Le docteur qui la soignait, avec un zèle augmenté de l'intérêt qu'il portait à une enfant si jeune, et, disait-il, si intelligente, était surpris et comme atterré de son sang-froid.

Avec un calme étonnant et une gaieté charmante, elle discutait avec lui les ordonnances, le plaisantait même quelquefois, tout en lui témoignant une grande reconnaissance pour les soins qu'il lui prodiguait.

Un jour, la sœur infirmière vint lui

mettre un bonnet frais pour la visite du médecin qu'on avait fait appeler : « Allons, dit-elle, me voilà bien pomponnée ; c'est l'heure de partir pour le bal ! » Puis, après un instant de silence : « Je n'y suis pas allée souvent, ajouta-t-elle, mais, grand Dieu, que c'était ennuyeux ! »

On était arrivé au jeudi 11 décembre ; la veille au soir, la malade avait eu un étouffement de près de trois heures ; puis le calme était revenu, Gertrude avait repris sa gaieté, elle souriait comme une enfant heureuse, et le médecin ayant dit qu'il reviendrait dans la soirée, dès qu'il fut hors de sa portée elle dit à ceux qui l'entouraient : « Pauvre cher homme, il se donne bien de la peine, mais il n'y fera rien !... » Il avait pratiqué des piqûres d'éther aux jambes ; c'est, dit-on, très douloureux, mais elle n'avait pas paru s'en apercevoir.

Ce même jour, la supérieure lui demandant ce qu'elle désirait le plus obtenir de Dieu : « C'est, dit-elle, un accroissement de foi, d'espérance et de charité. » Un peu auparavant elle disait : « Je suis si dénuée d'amour de Dieu!... Ma vocation religieuse!!! Oh! cela, c'est l'amour de lui pour moi, oui..., mais de moi pour lui, non! » Elle disait encore, au moment où sa sœur insistait pour qu'on suspendît un tableau près de son lit : « J'ai mon crucifix, cela me suffit. Le seul tableau que je voudrais, c'est le tableau de *Jésus vivant en Marie*, et de *Marie vivant en ses enfants;* puisque vous ne pouvez me donner ce tableau-là, j'aime mieux le produire en moi. »

Il avait été décidé qu'elle recevrait la sainte communion le lendemain; mais elle demanda que les derniers sacrements lui fussent administrés le soir même, avant l'heure où la crise avait commencé le jour précédent.

C'est à ce moment, que les yeux de Thérèse commencèrent à se dessiller ; pour la première fois elle comprit la gravité de la situation ; elle s'approcha de sa sœur et lui demanda de consentir à ce qu'on fît un vœu pour elle. « Oh non ! répondit a mourante, il faut toujours finir par mourir, pourquoi pas maintenant ? »

Un religieux de la Compagnie de Jésus prêchait une retraite dans la maison, il porta la communion à la malade, et on prévint l'aumônier pour qu'il lui donnât l'Extrême-Onction. Dans l'intervalle, Thérèse récita les litanies de la sainte Vierge, auxquelles répondait une partie de la Communauté agenouillée au pied du lit. La malade s'unissait à ces prières, sans parler, mais soulignant pour ainsi dire d'un sourire, qui n'avait plus rien de la terre, les invocations qui lui étaient les plus chères. Ce sourire révéla encore mieux à Thérèse la douloureuse réalité; elle le reconnut, car elle l'avait vu sur les lèvres de son frère quelques heures avant sa mort. L'aumônier arriva, et avant de commencer les cérémonies de l'Extrême-Onction, il demanda à la mourante de faire le sacrifice de sa vie, pour l'expiation de ses fautes, et la conversion des pécheurs. « Oh oui ! » dit-elle, et d'une voix entrecoupée, elle demanda pardon à la Communauté de ses manquements et de ses mauvais exemples. Elle était absolument calme, et au moment suprême en lui renouvelant la dernière absolution, le prêtre lui ayant demandé si quelque chose l'inquiétait encore : « Mais non, dit-elle... seulement je crains de n'avoir pas été assez patiente et de n'avoir pas toujours eu une confiance assez entière.»

Un instant après, elle expirait, sans qu'aucun mouvement de ses mains, sans qu'aucune contraction de son visage dénotassent la moindre souffrance ; elle resta ainsi semblable à une enfant endormie et souriante.

Une religieuse de la maison écrivait, quelques jours après à la révérende Mère Générale : « La vue seule de la chère petite sœur Gertrude, après sa mort, mettait l'âme en repos, et je me disais que, n'y eût-il que la grâce d'une mort pareille, cela suffirait pour faire apprécier la vocation religieuse. Avant le dénoûment final, il rayonnait quelque chose de surnaturel autour de la mourante et de celle qui lui touchait de plus près. Que je trouvais beau de voir deux sœurs si étroitement unies se faire de tels adieux ! Il n'y avait qu'un cri dans mon cœur : Mon Dieu, ne permettez pas que rien d'humain vienne troubler une heure si sainte! Notre mère avait d'abord récité les litanies de la sainte Vierge et des saints, avec un accent de supplication qui ne se peut rendre; puis sentant son émotion grandir, elle se retira, un instant, pour aller demander à Notre-Seigneur force et secours, mais elle revint fortifiée par la prière, et cette fois, agenouillée au pied du lit, elle semblait ne plus avoir qu'une pensée : rendre généreusement au ciel le trésor qu'elle en avait reçu. Jamais je n'avais aussi bien compris le bonheur d'avoir tout quitté pour se donner à Dieu. »

D'après la Règle, l'enterrement de Gertrude devait être celui des pauvres. Mais la paroisse sur laquelle est située la communauté de la Retraite avait envoyé son plus beau drap mortuaire. Il était blanc et brodé de longues franges d'argent.

Des jeunes filles couvrirent le cercueil de fleurs; six hommes le portèrent sur leurs épaules, et le convoi traversant les rues de la ville ressemblait moins à une cérémonie funèbre qu'à une marche triomphale.

Un grand nombre des habitans de Lille tinrent à honneur de suivre le cortège, donnant ainsi un public témoignage de leur vénération pour la jeune défunte et de leur pieux attachement pour Notre-Dame du Cénacle.

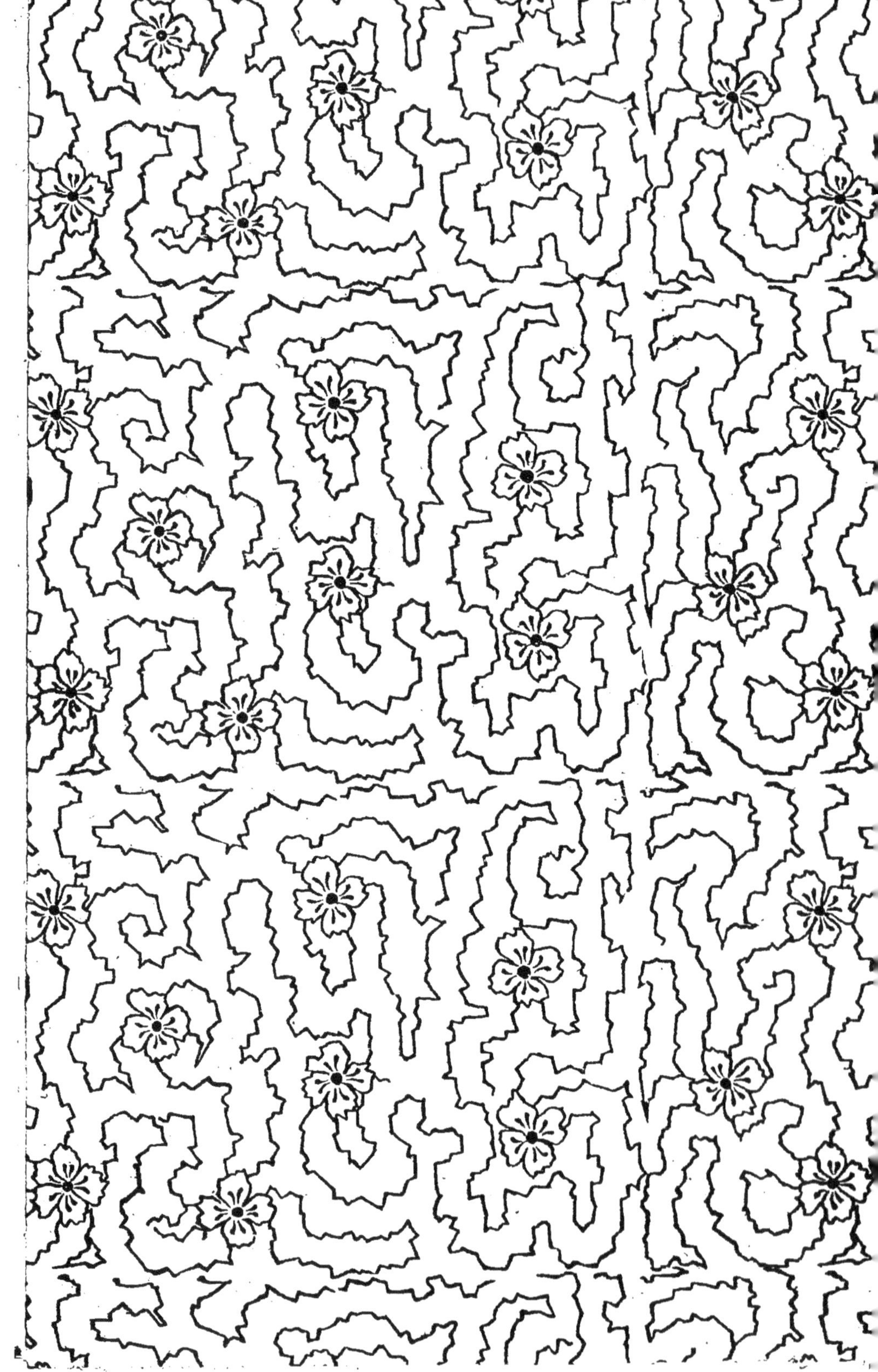

www.ingramcontent.com/pod-product-compliance
Ingram Content Group UK Ltd.
Pitfield, Milton Keynes, MK11 3LW, UK
UKHW020248220726
13923UKWH00002B/861